AF453001

LE FERMIER.

LEÇONS
POUR LES ENFANS

DE TROIS A HUIT ANS.

OUVRAGE CLASSIQUE EN ANGLETERRE;

Par Mistriss BARBAULD.

TRADUIT SUR LA 12ᵉ ÉDITION ANGLAISE.

Troisième édition française, revue et corrigée, ornée de 24 jolies gravures coloriées.

TROISIÈME PARTIE,

POUR L'AGE DE 6 A 7 ANS.

PARIS,

À LA LIBRAIRIE D'ÉDUCATION

D'Al. EYMERY, FRUGER et C.ᶦᵉ,

rue Mazarine, n.º 3o.

1830.

VERSAILLES, IMPRIMERIE DE G.-C. VITRY.

PETITES

HISTOIRES

POUR LES ENFANS

DE SIX A SEPT ANS.

Cruauté envers les Insectes.

Jacob se faisoit un plaisir cruel de torturer les mouches; il leur arrachoit les ailes et les pattes, et rioit ensuite de leurs efforts pour s'échapper. D'autres fois, il en rassembloit un grand nombre et se délectoit à les écraser, puis s'en vantoit comme d'une belle action.

Son frère lui avoit souvent représenté la sottise et la bar-

barie d'une telle conduite; en vain s'appliquoit-il à lui persuader que les insectes ressentent la douleur et qu'ils ont droit, comme nous, à la liberté et à la vie. Ni leurs contorsions, ni leurs foibles cris ne lui inspiroient de pitié.

Alexis avoit un microscope;

il appela un jour Jacob pour qu'il vînt examiner au travers un animal curieux. Remarque, lui disoit-il, la membrane délicate qui joint les deux parties de son corps; les belles raies noires et argentées dont il est orné d'un bout à l'autre, et cette soie fine qui le couvre. Autour de ses yeux une chevelure brillante, de petits panaches çà et là; enfin le corps de cet animal surpasse en ornemens et en beautés la cour du plus grand prince.

Jacob, étonné, demande à son frère quel est son nom. Alexis retire le microscope et lui fait voir

une de ces pauvres mouches vic-
times de sa cruauté.

Le Fermier.

Un jour que M. Dodwell étoit
renfermé dans son cabinet, où
il terminoit quelques affaires
importantes, on vint lui dire
que son fermier Mathieu étoit

à la porte de la rue et demandoit à lui parler. M. Dodwell
ordonna de le faire entrer dans
l'antichambre, et le fit prier
d'attendre un moment qu'il
lui falloit encore pour mettre
ordre aux affaires qui l'occu-
poient.

Roger, Alexandre et Sophie,

1*

trois enfans de M. Dodwell, étoient dans l'antichambre quand Mathieu y fut introduit; il les salua respectueusement, quoique du ton de la campagne. Les deux petits jeunes garçons se regardent, et se mettent à rire en examinant l'honnête fermier de la tête aux pieds. Roger poussa même la sottise jusqu'à se boucher le nez, et appelant son frère à la porte : Viens, Alexandre, dit-il; sens-tu quelle forte odeur de fumier ?

Puis rentra avec un plein réchaud de feu, et fit plusieurs fois le tour de l'antichambre en brûlant du papier et de la cire à cacheter; enfin il appela un domestique pour qu'il vînt, avec un balai, ôter la poussière que Mathieu avoit apportée de sa chaumière. Alexandre applaudissoit aux impertinences de son frère par ses longs éclats de rire.

Il n'en étoit pas ainsi de leur

sœur Sophie, qui tâchoit de dissiper l'embarras où elle voyoit le pauvre fermier, en lui offrant à se rafraîchir, et le faisant asseoir, après avoir posé sur une table son chapeau et son bâton. M. Dodwell entra dans ce moment, et de l'air le plus amical, prit une main de Mathieu, et lui demanda des nouvelles de sa femme et de ses enfans, ainsi que ce qui l'amenoit en ville.

M'acquitter envers vous, monsieur, répond le fermier, en tirant de sa poche une bourse de cuir pleine d'argent. Excusez si je suis un peu en retard ; mais les routes étoient si

défoncées, qu'il m'a été impos-
sible de porter plus tôt mon blé
au marché.

Je n'étois point en peine, dit
M. Dodwell; je connois votre
exactitude et votre probité. A
la vue des écus étalés sur la
table, Alexandre et Roger ces-
sèrent de regarder le fermier

d'un air de mépris : ils s'étoient imaginés qu'il n'avoit pas un sou, et qu'il venoit demander quelque grâce à leur père. Ils furent plus surpris encore quand ils le virent sortir et rentrer avec un panier rempli de beaux fruits secs. C'est pour votre jolie famille, dit ce bon homme;

voudrez - vous lui permettre, monsieur, de venir à la ferme ? J'ai de bons chevaux; je viendrai les chercher dans ma charrette : j'en aurai le plus grand soin, et ma femme et mes enfans fêteront de leur mieux les vôtres.

M. Dodwell le remercia, et lui

promit qu'il iroit lui-même le
voir. Vous resterez à dîner avec
nous, ajouta-t-il; nous dînerons
aujourd'hui plus tôt qu'à l'ordi-
naire, afin que vous puissiez arriver chez vous de bonne heure.
Le fermier refusa, parce que,
dit-il, j'ai beaucoup de commis-
sions en ville, et je partirai aus-

sitôt que je les aurai faites, pour ne point mettre en peine ma femme et mes enfans.

M. Dodwell ayant mis des gâteaux pour eux dans le panier, conduisit Mathieu jusque dans la rue, et lui souhaita des forces pour son dur travail, et un bon voyage.

Alors Sophie rendit compte à son père, devant ses frères, de la manière dont ils s'étoient comportés envers l'honnête fermier. M. Dodwell exprima combien il en étoit indigné; mais, ma chère Sophie, lui dit-il en l'embrassant avec tendresse, tu me consoles par ta conduite de la

néchanceté de tes frères ; tu sais
que les égards sont dus à tous
les honnêtes gens, et qu'il ne
faut mépriser personne à cause
de la simplicité de ses habits ou
de ses manières : les gens les
plus simples dans leurs discours et dans leurs habits
sont, presque toujours, les plus

estimables : Mathieu en est u
exemple ; il n'a pas seulemen
fait des épargnes ; mais il main
tient fort bien sa femme et se
enfans, et depuis quatre an
qu'il est mon fermier, je n'ai ja
mais eu besoin de lui demande
de l'argent. Peut-être ignores-
tu, ma chère Sophie, que si ce

homme étoit moins probe et moins exact, je ne pourrois pas suffire à tes dépenses et à celles de tes frères; c'est lui, en effet, qui vous procure l'éducation et vos vêtemens; car je réserve le produit de la ferme qu'il occupe pour payer le marchand et vos différens maîtres. Disant cela, il déjeûnoit avec sa fille des fruits

secs du fermier. Roger et Alexan-

dre déjeûnoient aussi; mais ils

n'y goûtèrent point.

M. Dodwell, voyant qu'ils con-

duisoient de leurs yeux avides

le reste que l'on mettoit dans le

buffet : N'espérez pas, leur dit-

il, goûter d'un de ces fruits

quand l'honnête homme qui les apporta pour vous aura lieu d'être plus satisfait de vos procédés, il ne manquera pas de vous en apporter davantage encore.

Roger. Mais, papa, ce n'est pas ma faute : pourquoi a-t-il si mauvaise odeur.

M. Dodwell. Quelle odeur a-t-il?

Roger. Une odeur de fumier qui n'est pas supportable.

M. Dodwell. Où la prend-il cette odeur de fumier?

Roger. Quoi! dans ses champs; il est toujours au milieu.

M. Dodwell. Que faudroit-il qu'il fît pour s'en garantir ?

Roger. Il faudroit...... Il faudroit......

M. Dodwell. Il faudroit, peut-
être, qu'il ne mît point de fumier
dans ses terres ?

Roger. Oui, papa, je crois que
c'est le seul moyen.

M. Dodwell. Mais s'il n'en-

graissoit pas sa terre en la fu-
mant , comment récolteroit - il
une moisson abondante ; et s'il
en avoit une mauvaise, comment
pourroit-il payer ma rente?

Roger alloit répondre, mais son
père lança sur lui et sur son frère
un regard d'indignation , et les
quitta.

De bon matin, le dimanche suivant, Mathieu étoit avec sa charrette à la porte de M. Dodwell, qui, enchanté de son empressement, ne voulut point le mortifier d'un refus. Roger et Alexandre, à qui on ne disoit rien, prièrent, les larmes aux yeux, de les admettre de la par-

tie, et promirent de se corriger.
M. Dodwell se plut à les
croire, et ils sautèrent tous gaie-
ment dans la charrette. Ils furent bientôt arrivés. La femme
du fermier les attendoit sur le
seuil de la porte ; et après avoir
salué M. Dodwell, elle tendit
ses bras, de l'air le plus gracieux,

aux enfans, et les mit à terre. Les siens, parés de leurs habits de fête , accourent vers leurs jeunes hôtes et s'informent de leur santé. M. Dodwell les embrassa tour à tour, et prenoit plaisir à les faire parler, lorsque madame Mathieu vint prier la compagnie d'entrer pour déjeû-

ner, car le café et les rôties re-
froidissoient. Le déjeûner étoit
sur une nappe très-propre. Les
tasses n'étoient pas d'argent ni de
porcelaine de la Chine, mais,
quoique d'étain, elles étoient
brillantes, tant elles avoient été
bien récurées !

Roger et Alexandre se regar-

doient malignement, et auroient
éclaté de rire s'ils n'avoient pas
craint le courroux de leur père.
Madame Mathieu, qui vit leurs
grimaces, dit qu'elle savoit bien
qu'ils seroient servis, chez eux,
dans de plus belle vaisselle,
mais qu'elle les prioit de prendre en bonne part ce qu'elle

leur offroit de tout son cœur.

Après le déjeûner, Mathieu engagea **M.** Dodwell d'aller avec lui visiter ses champs et ses vergers : elle fit son possible pour rendre la promenade agréable aux enfans : elle rassembloit ses troupeaux de brebis, qu'elle désoloit en les privant de leurs jeunes agneaux en faveur de ses hôtes ; des champs, elle les conduisit au pigeonnier, où régnoient également l'ordre et la propreté.

Deux pigeonneaux avoient quitté leur nid, et, timides, n'osoient encore essayer leurs petites ailes flottantes. Là une colombe couvoit ses œufs dans sa maisonnette, et souffroit qu'on la touchât plutôt que de les abandonner; une autre gorgeoit ses petits nouvellement éclos, tandis que le père, en roucoulant, lançoit des coups d'ailes à la main hardie qui s'approchoit de trop près. Du pi-

geonnier ils allèrent aux ruches ;
madame Mathieu plaça les enfans de manière qu'ils pussent
bien voir le travail des abeilles ,
sans courir le danger d'en être
piqués.

Toutes ces choses étoient nouvelles pour eux , aussi s'en amu-
soient - ils extrêmement , quand

Tonny, le plus jeune fils du fermier, vint les appeler pour dîner ; des plats de terre le contenoient, et la bonne fermière le distribuoit sur des assiettes d'étain ; mais Roger et Alexandre, encore émerveillés de ce qu'ils avoient vu, n'eurent plus envie de se moquer ; au contraire, tout leur parut excellent : il est vrai que madame Mathieu avoit mis tous ses soins pour les régaler.

Au dessert, M. Dodwell ayant aperçu deux violons accrochés à la muraille, demanda au fermier qui il avoit chez lui qui jouât de ces instrumens. Mon fils et moi, répondit-il ; et tous deux se mirent à jouer, d'abord quelques vieilles ballades , puis des airs graves , et finirent par d'autres airs gais et mélodieux. On alloit mettre les violons à leur place. Non , non , s'écrie M. Dodwell, donnez ; c'est main-tenant à Roger et à Alexandre

nous procurer la même satis-
action. Mais ils ne savoient seu-
ement pas tenir l'archet ; tout
e monde rit de leur gaucherie
t de leur confusion. Ils quittè-
ent pourtant la ferme avec re-
ret. En revenant à la ville,
M. Dodwell leur demanda comment ils se trouvoient de leur

journée. Eh bien ! Roger, êtes-
vous satisfait ?

Roger. Oui, papa.

M. Dodwell. J'en suis char-
mé ; mais si Mathieu n'avoit
pas pris la peine de faire les
honneurs de sa maison, qu'il ne
vous eût offert aucun rafraîchis-
sement, seriez-vous si content ?

Roger. Non papa.

M. Dodwell. Qu'auriez-vous pensé de lui ?

Roger. Que c'est un rustre.

M. Dodwell. Oh! Roger, quand cet honnête homme est venu nous voir, loin de lui rien offrir, vous l'avez tourné en ridicule ! vous ne lui avez fait que des sottises. Alors, qui de vous ou de lui sait mieux vivre?

Roger. Mais c'est son devoir d'être poli envers nous, qui lui faisons gagner sa vie.

M. Dodwell. Eh! comment?

Roger. Quoi! par les récoltes de nos champs et le foin de nos prairies.

(45)

M. Dodwell. C'est vrai ; mais que fait-il du blé ?

Roger. Il en nourrit sa famille et lui-même.

M. Dodwell. Et du foin, qu'en fait-il ?

Roger. Il le donne à ses chevaux.

M. Dodwell. Et que fait-il de ses chevaux ?

Roger. Il les emploie à labourer.

M. Dodwell. Ainsi, il fait usage de tout ; mais croyez-vous que tout ce que rapporte la ferme est consommé par sa famille et ses chevaux ?

Roger. Les vaches en ont aussi leur part.

(47)

Alexandre. Oui, et les brebis, les pigeons et les poulets.

M. Dodwell. Fort bien ; mais la colte entière est - elle consommée dans sa maison ?

Roger. Ah ! je me souviens que semaine dernière il vous apporta une grande bourse de cuir mplie d'argent.

M. Dodwell. Et pourquoi ce

argent ?

Roger. Parce qu'il avoit vend

du blé au marché.

M. Dodwell. Dites - moi q

a le plus grand profit de

ferme, Mathieu ou votre père

Il est vrai qu'il nourrit ses ch

vaux du foin de mes prairies

mais ses chevaux labourent la terre, qui ne rapporteroit point sans cela de moisson. Il nourrit aussi ses vaches, ses brebis; mais ces animaux font du fumier qui fertilise les champs. Sa femme et ses enfans vivent d'une partie de la récolte; mais ils passent l'été à sarcler les mauvaises herbes, et l'hiver à battre le blé dans les granges : tout ceci encore est à mon avantage. Mathieu porte le surplus de la moisson au marché; mais n'est-ce pas afin de me payer ma rente? Quant à ce qui lui reste après m'avoir donné mon dû, ne fait-il pas bien de jouir des

fruits que lui procure son indus-
trie ? Sans lui, sans son travail,
je n'aurois peut-être aucun
bien.

Roger. Oh! papa, il y a as-
sez d'autres fermiers dans le
monde.

M. Dodwell. A la vérité; mais
il en est bien peu d'aussi indus-

trieux et d'aussi probes : le fermier qui tenoit la ferme avant lui,
coupoit les arbres, exhaussoit le
terrain, laissoit tomber en ruines
les granges et les maisons; et quand
le temps de me payer étoit venu,
jamais il n'avoit d'argent. Si je me
plaignois de sa négligence, la ferme
entière ne valoit pas la rente.

Roger. Quel coquin !

M. Dodwell. Si Mathieu lui ressembloit, pensez-vous que je fusse à mon aise ?

Roger. Non, papa.

M. Dodwell. A qui donc ai-je obligation de mon aisance ?

Roger. A cet honnête homme, je le vois.

M. Dodwell. N'est - il pas de notre devoir de bien traiter un homme qui nous est si utile ?

Roger. Ah ! papa, je suis honteux, je vous assure......

Il y eut un moment de silence, après quoi M. Dodwell reprit : — Pourquoi n'avez - vous pas voulu jouer du violon ?

Roger. Vous savez, papa, que je n'ai point appris.

M. Dodwell. Le fils du fermier sait donc quelque chose que vous ne savez pas?

Roger. Il joue du violon; mais il ne sait pas le latin comme moi.

M. Dodwell. Entendez-vous le

labourage, sauriez-vous conduire la charrue, pourriez-vous dire en quel temps on sème le froment, le seigle, l'orge, l'avoine ? Rendriez-vous compte de la manière dont on ébourgeonne la vigne, comment on hante un arbre, pour lui faire porter de bons fruits.

Roger. Je ne suis point fermier, je ne puis connoître toutes ces choses.

M. Dodwell. Si chacun ne savoit que le latin, comment pensez-vous que l'on vivroit ?

Roger. Très-mal, ainsi que les sauvages.

M. Dodwell. Le monde pour-

3 *

roit-il subsister sans le latin?

Roger. Oui, papa.

M. Dodwell. Souvenez - vous donc, mon fils, de notre entretien, et de ce que vous avez vu chez Mathieu. Ce fermier, dont les habits sont si grossiers, les révérences si gauches, les discours si peu étudiés, est vérita-

LE PAYSAN DE MOSCOVIE.

blement plus instruit que vous;
car tout ce qu'il sait procure aux
autres hommes de véritables
biens.

Événement singulier.

Dans l'histoire de la Moscovie,
publiée par l'ambassadeur Dé-
métrius, on lit l'aventure ex-

traordinaire d'un paysan, qui cherchoit du miel dans un arbre creux où il y en avoit tant, qu'il s'y enfonça jusqu'à la poitrine. Déjà depuis deux jours il faisoit d'inutiles efforts pour s'en retirer, et ses cris n'étoient entendus de personne dans ce bois solitaire, lorsqu'un ours monstrueux, qui apparemment avoit accoutumé de venir manger du miel à ce même arbre, y grimpa d'abord, puis descendit à reculons dans le creux où le pauvre homme désespéroit de sa vie. Cependant il attend, ses bras tendus, que l'animal soit à sa portée, et tout à coup le sai-

sit par ses deux pattes de derrière. L'ours, épouvanté, se débat
vigoureusement, et arrache ainsi
le paysan de sa prison, qui
bientôt alloit devenir son tom-
beau.

Honnêteté et Générosité.

Un pauvre homme de la ville
de Milan, portier d'une maison,

trouva une bourse dans laquelle étoient deux cents ducats. Celui qui l'avoit perdue fut informé par les papiers publics où il devoit la réclamer ; ayant donné des preuves certaines qu'elle lui appartenoit, le portier la lui rendit.

Plein de joie et de reconnoissance, le propriétaire de cette bourse offrit vingt ducats à cel

qu'il regardoit comme son bie

faiteur : il les refusa. Dix, ci

même, éprouvèrent le refus

l'inébanlable portier. Eh bie

dit le possesseur en jetant

bourse avec colère loin de l

elle n'est pas à moi; non, je n

rien perdu si vous refusez

(65)

noindre preuve de ma gratitude.

Enfin, le pauvre homme consentit

à prendre cinq couronnes, qu'il

distribua immédiatement aux

pauvres.

Mauvais effets du Mensonge.

Mendacule étoit un jeune

homme d'esprit, et qui avoit

d'heureuses dispositions; mais en fréquentant de mauvaises compagnies, il contracta l'odieuse habitude de mentir jusque dans les moindres choses. Ses amis ne croyoient plus aucune de ses paroles, et souvent il étoit accusé de fautes qu'il n'avoit point commises, et pour lesquelles cepen

lant on le punissoit sévèrement :
ui seul connoissoit son inno-
ence.

Il avoit un jardin rempli des
lus belles fleurs, dont la cul-
ure étoit son amusement fa-
ori. Il arriva un jour qu'un
oupeau franchit la haie, et
routoit et trépignoit un par-

terre de renoncules, quand Mendacule y vint comme à son ordi-
naire. Ne voulant point entre-
prendre tout seul de chasser ces
ravageurs, parce qu'il auroit exposé un carré contigu de plantes
étrangères, il alla prier le jardi-
nier de la maison de venir lui
aider. Mais cet homme ne fit que

re, et lui demanda s'il le croyoit

u.

Un jour il se promenoit à
eval avec son père, qui tomba
se cassa une jambe. La route
oit déserte, et il geloit fort.
endacule essaya en vain de le
courir, ses forces n'étoient
int suffisantes; il fut donc

obligé de laisser son père éten

sur la terre glacée et de courir

la ville demander assistance.

Connu généralement pour

menteur, personne ne voul

ajouter foi à son histoire. Ap

avoir perdu beaucoup de tem

en prières inutiles, il retourn

désespéré et noyé dans

leurs, à l'endroit où son mal-
eureux père étoit resté en proie
ux douleurs. Mais il ne l'y
rouva plus; une voiture étoit
eureusement passée et l'avoit
orté chez lui.

Un fort garçon, de qui Men-
acule avoit dit quelques faus-
tés, le guettoit chaque jour

comme il alloit au collége, et
lui assénoit de rudes coups.
Menducale, convaincu de ses
torts, souffrit patiemment la
correction ; mais, répétée trop
de fois, son courage l'aban-
donna et il se plaignit à son
père. Son père se plaignit à son
tour aux parens du vindicatif

garçon, quoiqu'il doutât du fait. Il eut le désagrément de s'entendre dire : « Votre fils est un menteur notoire; vous ne le croyez sûrement pas vous-même. » Ainsi Mendacule fut livré à la vengeance de son ennemi, qui l'exerça long-temps encore.

Tels étoient les maux aux-

3.

4

quels ce malheureux jeune
homme s'exposoit tous les jours
par l'habitude de mentir. Enfin,
il en sentit l'horreur, et il prit
la ferme résolution de s'en corriger. Il observa toutes ses paroles ; parla peu et toujours avec
justesse et sincérité. Il sentit
bientôt que la vérité est plus fa-

cile et plus naturelle que le mensonge, et son amour pour elle vint à un tel degré, que l'enfreindre en la moindre chose lui paroissoit un crime. Cet heureux changement lui rendit l'estime de ses amis, lui acquit la confiance générale et la paix de sa conscience.

Le Secret du Plaisir.

JE voudrois jouer tout le jou

maman ; dit la petite Laure

madame Draper, sa mère.

Mme Draper. Quoi! ne faire q

jouer tout le jour?

Laure. Oui, maman, jouer to

aujourd'hui.

Mme Draper. Je n'ai d'autre dé-
ir que de vous rendre heureuse,
na chère amie; mais je parie que
ous vous ennuierez de toujours
ouer.

Laure. Le jeu m'ennuyer! ma-
nan. Oh! non, en vérité! vous
errez.

Laure, en sautant d'un pied sur

l'autre, alla chercher tous s
joujous et elle s'en entoura; ma
elle étoit seule, ses sœurs étai
avec leurs maîtres jusqu'à l'heu
du dîner.

Elle s'amusa beaucoup d'a
bord, et fut heureuse pendar
une heure entière; elle com
mença à se fatiguer, et chaqu

nstant lui voloit une portion de
s plaisirs. Elle avoit déjà re-
ardé cent fois chacun de ses
uets ; bientôt elle ne sut plus
ue faire, même sa poupée favorite
ennuya.

Elle fut trouver sa maman, et
i demanda si elle ne savoit pas
uelque nouvel amusement, ou

si elle vouloit jouer avec elle
Malheureusement madame Dra
per étoit engagée dans des a
faires sérieuses, et fut forcée d
renvoyer Laure. La petite fill
s'en alla toute triste dans un coin
où elle bâilla beaucoup, en at
tendant la récréation de ses sœurs
après leurs leçons. L'heure vin

nfin de cette récréation, et
aure courut au - devant de ses
eurs, leur dit avec une voix
olente combien la matinée lui
voit semblé longue, et comme
lle les avoit attendues avec im-
atience.

Elles cherchèrent leurs plus
olis jouets, afin de rendre la

gaieté à leur petite sœur, qu'ell
aimoient toutes fort tendr
ment. Mais, hélas ! leur com
plaisance fut inutile; Laure s'é
cria que ces jeux-là ne lui fa
soient pas le moindre plaisir
que les siens l'avoient rendu
malade, et puis elle ajouta qu
leur intention étoit sûremen

le lui faire de la peine, puis-
qu'elles ne lui donnoient pas un
eu qu'elle aimât.

Adélaïde, sa sœur aînée, qui
étoit une demoiselle de dix ans,
et qui étoit sensible, la prit
alors par la main, et lui dit :
Laure, regarde - nous toutes l'une
après l'autre, nous voici ras-

semblées , et je te dirai quelle est celle d'entre vous qui cause ton mécontentement.

Laure. Où est-elle ? ma sœur; car je suis sûre qu'elle est parmi nous.

Adélaïde. Oui. Si tu te regardois, Laure, tu verrois que c'est toi-même; oui, toi-même ma chère Laure. Tu vois bien que ces jouets nous amusent, quoique nous ayons souvent joué avec eux avant même que tu fusses née; mais nous venons de faire notre tâche, c'est pourquoi tout nous paroît nouveau.

Si tu avois, en travaillant,

mérité comme nous le plaisir, il te paroîtroit doux aussi.

Laure, quoiqu'elle ne fût qu'un enfant, avoit pourtant du bon sens. Elle fut frappée du discours de sa sœur; elle sentit que, pour être heureux, il faut mêler les exercices utiles avec les agréables; et, depuis ce temps, e ne sais si elle ne craindroit pas

lus de passer tout un jour dans

le plaisir, que tout un jour dans

e travail.

Le Chien invité à souper.

UNE personne ayant invité

un ami à souper, avoit com-

mandé des mets recherchés. Son

chien en fit la remarque, et
crut l'occasion favorable pour
inviter un chien voisin, son ami,
à venir prendre part à la bonne
chère. Il l'introduisit dans la
cuisine. Le chien invité, voyant
beaucoup de choses, se mit à
dire : Oh ! je vais manger pour
une semaine ! Que je vais me

nourrir ! Dans cette douce at-
tente, il agitoit sa queue, flai-
roit et se reléchoit. Ce manége
attira l'attention du cuisinier,
qui, voyant un dogue étranger
guetter ses viandes, s'approche
doucement de lui, le saisit par
les deux pattes de derrière et le
jette par la fenêtre. Sa chute,

sur les pierres, fut un peu rude, et il en demeura quelque temps étourdi. Enfin, il se relève et s'en va clopin clopant jusqu'au bout de la rue, où les autres chiens du quartier, instruits qu'il avoit été souper chez son ami, lui demandèrent s'il s'étoit bien régalé. D'une manière rare, leur dit-il; je n'ai jamais été mieux servi. Mais nous avons trop bu; quant à moi, j'en ai été si étourdi, que j'ai peine à me rappeler par quel chemin je suis sorti de la maison. Soyons modérés dans nos espérances, pour n'en être point déchus.

L'Ermite.

Un ermite avoit creusé sa
grotte au sommet d'une mon-
tagne, d'où il découvroit une
vaste étendue de terre et de
mer. Un soir, il contemploit,
assis sur un quartier de roche,
le coucher du soleil et la variété

L'HERMITE.

des objets répandus autour de lui : les arbres étoient revêtus d'un brillant feuillage ; les buissons couronnés de fleurs printanières ; les oiseaux ramageoient, perchés sur les plus hautes branches ; les agneaux bondissoient dans les prairies émaillées ; le laboureur traçoit

les sillons; les vaisseaux, pous-
sés par les zéphirs, gagnoient
tranquillement le port; enfin,
toute la nature, ranimée par le
retour du printemps, présentoit
l'image de la beauté et du bonheur. Tout à coup les vents sif-
flent, les flots se soulèvent, les
nuages s'amoncèlent sur le fir-

nament ; la nuit déploie ses
voiles funèbres , le tonnerre
gronde , les éclairs sillonnent à
travers l'obscurité , la pluie , la
grêle tombent en torrens ; les
vagues courroucées jettent avec
furie contre les rochers le malheureux navigateur ; la terre re-
tentit de la chute des forêts et

tremble sous les pas des pauvres

habitans des villages voisins, qui

accouroient en foule à la grotte

de l'ermite, dans l'espoir qu'il le

protégeroit contre les fureurs d

la tempête.

Le calme le plus profond ré

gnoit sur toute sa contenance

Ils lui en témoignèrent leu

étonnement, et il leur dit : Oh !
mes amis, modérez votre effroi ;
vos dangers sont les miens ; nous
sommes témoins de la guerre
entre les élémens ; mais j'ai mé-
dité sur les travaux innombrables
du Tout-Puissant ; et je suis convaincu que sa bonté est égale à
sa puissance.

3.

5

Le Bouclier de deux couleurs.

Dans les jours de la chevalerie et du paganisme, un vieux prince britannique éleva une statue à la déesse de la Victoire, sur un terrain où quatre routes aboutissoient. Dans sa main droite elle tenoit une épée, et

LE BOUCLIER DE DEUX COULEURS.

sa gauche étoit posée sur un bouclier dont le côté extérieur étoit d'or, et le côté intérieur étoit d'argent. Sur le premier on lisoit cette inscription :

A la déesse, toujours favorable.

Sur le second cette autre :

Pour quatre victoires successi-

vement remportées sur les Pictes et sur les autres habitans des îles septentrionales.

Un jour, deux chevaliers complètement armés, l'un en *noir*, l'autre en *blanc*, arrivèrent en même temps près de la statue, mais par deux chemins opposés. Tous deux s'arrêtèrent, ne l'ayant point encore vue. Après quelques minutes d'examen : Ce bouclier d'or, dit le chevalier *noir*. — Ce bouclier d'or ! s'écrie le chevalier *blanc* (qui fixoit le côté opposé); si j'ai des yeux, il est d'argent. Que m'importe vos yeux, répliqua le chevalier *noir;* s'il y eut jamais de bouclier d'*or*, certes, c'est celui-ci. Oui, reprit encore le chevalier *blanc*, d'un ton ironique, il est croyable, en vérité, qu'on eût exposé en cet endroit un bouclier d'*or* ! Je m'étonne même que ce bouclier d'*argent* n'ait pas excité la tentation de la plupart des passans, depuis quatre années qu'il est ici.

Le chevalier *noir*, irrité de la contradiction et de l'air moqueur qui l'accompagnoit, tint à son adversaire des discours insultans; enfin un défi termina la querelle.

Aveuglés tous deux par la

colère, ils piquent leurs chevaux vers un lieu plus propre au combat. Alors, ils assurent leur épée dans leur main, se mena- cent, volent à la rencontre l'un de l'autre avec une égale impé- tuosité. Le choc fut si rude, les premiers coups si terribles, qu'ils tombèrent ensemble sur la terre, brisés et demi-morts.

Un bon druide vint à passer et les trouva dans ce triste état (les druides étoient les prêtres et les médecins de ces temps-là). Il portoit sur lui un élixir souverain, qu'il avoit composé lui-même des plantes salutaires des montagnes et des forêts. Il leur

5*

en fit avaler quelques gouttes qui les rendirent encore à la vie. Lorsqu'il les jugea capables de lui répondre : Pourquoi, leur dit-il, vous être ainsi battus ? Cet homme, dit le chevalier *noir*, soutient que le bouclier de cette statue est *d'argent;* et lui, répliqua le chevalier *blanc,* veut qu'il soit d'*or*. — Ah! mes frères, dit en soupirant le druide, tous deux vous avez raison , et tous deux vous avez tort. Si l'un de vous avoit visité les deux côtés, tout ce sang ne seroit point versé. Mais que le malheur de cette circonstance vous serve de leçon pour l'avenir : jurez , en ma présence, à tous nos dieux , et particulièrement à cette déesse, *que vous n'entrerez jamais en aucune dispute avant d'avoir examiné scrupuleusement tous les points de la question.*

Manière généreuse de se venger d'une injure.

Dans le temps que le grand Condé commandoit l'armée d'Espagne et qu'il assiégeoit une des villes de la Flandre française, un officier - général maltraita, pour quelques paroles

peu respectueuses, un soldat
qui lui dit froidement qu'il s'en
repentiroit bientôt. Environ
quinze jours après, cet officier-
général chargea le comman-
dant des tranchées de lui trouver un homme intrépide et dé-
terminé, pour conduire une en-
treprise aussi périlleuse qu'im-

portante : cent pistoles en étoient la récompense. Le soldat dont nous avons parlé s'offrit ; et, à la tête de trente autres qu'il choisit lui-même , il s'acquitta de sa commission avec un plein succès ; alors l'officier - général lui remet les cent pistoles pro-mises. Le soldat les distribue à ses camarades, et dit qu'il ne servoit point pour de l'argent, mais pour la gloire; que si son action méritoit récompense, il demandoit qu'on le fît officier. « Monsieur, ajouta-t-il (s'a-dressant à l'officier-général, qui ne le reconnoissoit pas), je suis le soldat que vous maltraitâtes

il y a quinze jours, et qui vous
dit que vous en seriez bientôt
fâché. »

L'officier - général s'élance à
son cou, et, les yeux baignés de
larmes, lui demande pardon.

Chaque jour, depuis, on vit
le chef donner au soldat magna-
nime des témoignages nouveaux

de sa confiance et de son amitié.

L'Intempérance.

CYRUS, jeune encore, étant à la cour de son grand - frère Astiagès , voulut un jour lui servir d'échanson. Il étoit du devoir de cet officier de ne présenter la coupe au roi qu'après avoir goûté de la liqueur qu'elle contenoit. Cyrus la lui présenta durant tout le repas de l'air le plus gracieux, mais sans remplir la formalité. Le roi, en ayant fait la remarque, attribua cette omission à l'oubli : « Non, lui dit Cyrus, je n'ai

point voulu goûter votre breu-
vage, parce que j'ai craint qu'on
n'y eût mêlé quelque poison.
Après le dernier festin que vous
donnâtes, je vis que vos courti-
sans étoient bruyans, querel-
leurs, frénétiques : vous - même,
Sire, paroissiez avoir oublié que
vous étiez roi. »

La vieille Poule et le jeune Coq.

Une vieille poule fit un jour rencontre d'un jeune coq qu'elle reconnut pour son fils. Mon fils, lui dit-elle, vous n'avez peut-être plus besoin des avis d'une mère, cependant permettez-moi de vous en donner encore un :

Ne regardez jamais dans une
puits, vous pourriez vous en re-
pentir.

Le jeune coq promit de suivre
son conseil, mais il se dit en
lui - même que c'étoit un conte,
qu'il ne pouvoit être dangereux
de regarder dans un puits, et
il résolut d'en faire l'épreuve au

remier qu'il rencontreroit. Il
n trouve un, s'élance sur le
ord, alonge le cou et voit dans
au l'image d'un autre qui fait
s mêmes mouvemens que lui.
a colère le saisit, il hérisse ses
mes. L'autre en fait autant.
rieux, il se précipite sur son
nemi prétendu ; mais recon-

noissant trop tard son erreur:
Hélas! dit-il, pourquoi me suis-
je supposé plus sage que ma
mère!

Nous ne devons jamais mé-
priser les conseils de nos paren-
ou des personnes plus âgées e
plus sages que nous.

Zacchor et Esreff.

Zacchor et Esreff, deux jeunes gens, demandèrent au derviche et prophète Morat, leur tuteur, la permission de visiter les curiosités d'Alep, où ils venoient d'arriver. Le saint homme le leur permit, et donna à chacun d'eux quelques *aspres*, pour dépenser comme ils le voudroient.

L'*aspre* est une espèce de monnoie parmi les Turcs, qui vaut environ *six liards*. Quand ils furent de retour, le prophète voulut savoir quel emploi ils avoient fait de leur argent.

Moi, dit *Zacchor*, j'ai vu des dattes, les plus belles, je crois, que la Syrie ait encore produites; je m'en suis régalé avec mes aspres.

Moi, dit *Esreff*, j'ai trouvé dans un lieu écarté une pauvre femme qui tenoit dans ses bras un enfant dont les cris me déchiroient le cœur. Elle étoit pâle et défaillante ; l'ange de la mort erroit déjà dans ses yeux ; je lui ai donné mes aspres de bon cœur ; j'aurois voulu pouvoir lui en donner davantage.

L'argent, dit *Morat* à *Zacchor,* que vous avez employé en friandises inutiles est tout à fait perdu ; il n'est même propre qu'à vous donner un vice, celui de la gourmandise. Mais vous, *Esreff*, outre le plaisir que vous fera toujours éprouver le souvenir de votre bonne action, sachez que le don de vos aspres produira un fruit qui ne flétrira jamais, et qui contribuera à votre bonheur dans ce monde et dans l'autre. L'enfant à qui vous avez sauvé la vie vous garantira d'un grand danger, et par ses soins prolongera votre existence.

Paresse et Irrésolution.

Horace , célèbre poète ro-
main , dit qu'un paysan , qui
avoit besoin de traverser une
petite rivière , ne put s'y déter-
miner, et resta immobile sur le
bord, dans le fol espoir qu'un
courant aussi rapide se tariroit

enfin bientôt ; mais la petite rivière, grossie par les torrens des
montagnes , promène encore ses
eaux, dont les sources sont iné-
puisables.

Ainsi, la jeunesse irrésolue et
paresseuse badine avec ses livres,
et perd les momens précieux des
progrès faciles à acquérir dans

LE CORDONNIER ET SON FILS.

le jeune âge; mais plus difficiles à mesure que les années s'accumulent.

Histoire du Cordonnier et de son Fils.

Un jeune homme, fils d'un cordonnier habitant un petit village près Madrid, ayant fait une

6 *

grande fortune aux Indes, revint dans sa patrie, et s'établit banquier à Madrid.

Tout le temps qu'avoit duré son absence, ses parens n'avoient passé aucun jour sans implorer pour lui la protection du ciel. De son côté, il étoit impatient de revoir son père et sa mère. Aussi,

dès qu'il eut arrangé ses affaires,
il monte à cheval, et arrive au
village, lieu de sa naissance. Il
étoit dix heures du soir lorsqu'il
frappa les premiers coups à la
porte de l'honnête cordonnier,
qui étoit déjà enseveli, près de
sa femme, dans un profond som-
meil.

« Ouvrez, mon père, s'écrie le banquier, ouvrez à votre fils Fancille. » — Faites-le croire à d'autres, répond le bon homme enfin éveillé ; cherchez d'autres dupes, notre fils est aux Indes s'il n'est pas mort. — Il est près de vous, mon père, c'est lui qui vous parle, reconnoissez sa voix.

Jacob, dit sa femme, je crois que c'est notre fils !.... Oui, c'est notre fils Francillo, mon cœur me l'assure. Tous deux alors se jettent hors du lit, prennent à peine le temps de se couvrir, allument une lampe, ouvrent la porte, fixent un moment Francillo, et se précipitent dans ses

bras. Tous trois se tiennent em-
brassés ; tous trois confondent
leurs larmes, se regardent encore, puis redoublent leurs ca-
resses et leurs expressions de
joie de se revoir après une si
longue absence. Cependant le
banquier conduit son cheval à
l'étable, où il retrouve la vieille

vache nourricière de la famille.
Pénétré de mille tendres senti-
mens, il revient près de ses chers
parens, et leur fait le détail de
toutes les circonstances qui lui
ont procuré sa fortune au Pérou.
Ils l'écoutent en respirant à
peine, et tremblent ou se ré-
ouissent, selon que son récit

contient des dangers ou de

succès.

Il termine par leur offrir l

plus grande partie de ses biens

« Ils vous appartiennent comme

à moi, leur dit-il ; vous avez eu

tant de peine à m'élever ! mon

enfance vous a coûté tant de

soins ! Il est temps, mon père, que

vous vous reposiez. » Non, mon fils, dit Jacob, j'aime mon état, je ne le quitterai point. Quoi ! reprit le banquier, à votre âge, vouloir encore travailler ? Ah ! mon père, c'est maintenant à votre fils à prolonger votre exis- tence, en prévenant tous vos besoins !

Jacob, pressé par sa femme et par son fils, y consent enfin. — Pour te plaire, Francillo, je ne travaillerai plus pour le public, mais je continuerai de faire mes souliers et ceux de mon bon ami le vicaire, qui a tant de fois joint ses prières aux nôtres pour ta conservation.

Ces conditions faites, Francillo mangea deux œufs frais et alla se coucher, jouissant d'un bonheur qui ne peut être senti que par des enfans pénétrés comme lui de leurs devoirs.

Le lendemain il les quitte pour les revoir bientôt, et leur laisse une bourse de trois cents ducats.

A peine trois jours s'étoient-ils passés, qu'il voit Jacob entrer dans sa maison, à Madrid.

Vous voilà, mon père! Venez-vous demeurer avec moi? — Non, Francillo, mon cher fils; je viens te rapporter la bourse que tu as aissée en partant, je veux re-

prendre mon métier : depuis que

e l'ai quitté j'ai manqué mourir

l'ennui.

FIN DU TROISIÈME VOLUME.

9 782329 794846